LE SENS COMMUN.

IMPRIMERIE DE POULET.

LE

SENS COMMUN,

ADRESSÉ

AUX HABITANS

DE L'AMÉRIQUE,

PAR THOMAS PAINE,

Secrétaire du Congrès pour les Affaires étrangères, pendant la guerre de l'Amérique, et membre de la Convention Nationale de France, en 1792.

A PARIS,

CHEZ TOUS LES LIBRAIRES.

1822.

PRÉFACE

DE L'ÉDITEUR.

LA Constitution d'Angleterre, ou *gouvernement à trois pieds*, ayant été importée en France par la charte de Saint-Ouen, je me suis demandé plusieurs fois quelles garanties cette espèce de gouvernement pouvait offrir au peuple.

Je me suis demandé s'il pouvait arriver que les trois forces constitutives de ce gouvernement se trouvassent une fois en équilibre parfait; et même, en supposant l'existence possible d'une circonstance si favorable, je me suis demandé si cet équilibre pourrait subsister entre des corps essentiellement variables dans leur poids, et si différens d'ailleurs par leur nature et leur genre d'action.

J'ai pesé les raisonnemens de Montesquieu, de Delolme, de Lally-Tolendal, de madame de Staël, partisans déclarés de la Constitution anglaise.

J'ai lu aussi Tacite, Machiavel, Filangieri, Thomas Paine, qui la réprouvent.

J'ai examiné les motifs qui ont engagé l'Assemblée constituante à la repousser.

Je me suis demandé pourquoi l'Espagne, le Portugal, Naples et la Sicile l'avaient repoussée aussi.

Enfin, j'ai réfléchi sur les choses qui se sont passées depuis huit ans en France et en Belgique; et alors mes doutes se sont éclaircis.

Mais, avant de faire connaître mon opinion à ce sujet (ce qui serait peut-être dangereux dans ce moment-ci), j'ai cru devoir publier cet ouvrage. On sait quelle fut son influence sur les destinées de l'Amérique septentrionale.

Les circonstances ne sont pas pareilles, mais ce livre peut encore être utile chez nous.

P. S. La réimpression du *Sens Commun* n'ayant pas d'autre but que la propagation des idées saines, on a cru devoir supprimer tous les passages qui n'avaient plus d'intérêt pour nous.

INTRODUCTION.

Peut-être que les sentimens contenus dans cet Ecrit, ne sont pas assez à la mode pour obtenir les suffrages de tout le monde. La longue habitude de croire qu'une chose n'est pas injuste, lui donne une apparence de justice, et fait élever d'abord un cri général en faveur de l'usage. Mais le tumulte s'apaise ; le temps convertit plus de monde que la raison.

Un long et violent abus du pouvoir est ordinairement ce qui occasionne la recherche des droits sur lesquels ce pouvoir est fondé; et les violences qu'on emploie contre ceux qui font ces recherches, les entraînent toujours plus loin qu'ils n'avaient intention d'aller. Le roi d'Angleterre a cru avoir le droit de soutenir le parlement, dans ce que celui-ci appelle aussi ses droits; et le peuple américain étant excessivement opprimé par le roi et le parlement, il est indubitablement fondé à discuter les prétentions de l'un et de l'autre, et à rejeter également leurs actes.

L'auteur de cette brochure a évité avec soin tout ce qui est personnel. On n'y trouvera ni compliment ni censure particulière. Le sage, l'homme de bien n'a pas besoin des éloges d'un pamphlet, et ceux dont les opinions sont injustes et contraires aux avantages de leur pays, reviendront d'eux-mêmes, ou il serait inutile de chercher à les convertir.

La cause de l'Amérique, est à beaucoup

d'égards, la cause du genre humain. Plusieurs circonstances prouvent déjà (et il s'en élevera beaucoup d'autres à l'appui), que tous ceux qui chérissent l'humanité, doivent prendre part à notre querelle et à nos succès. Désoler un pays avec le fer et le feu, déclarer la guerre aux droits les plus naturels de l'homme, exterminer de paisibles citoyens : voilà à quoi doit s'intéresser quiconque a reçu de la nature le pouvoir de sentir; et c'est dans cette classe que se range l'auteur de cet Ecrit, en dépit de tout esprit de parti.

P. S. Cette nouvelle édition a été retardée, pour pouvoir répondre à ceux qui entreprendraient de combattre la doctrine de l'indépendance de l'Amérique. Mais, comme personne ne s'est présenté, ni probablement ne se présentera, je me hâte de publier mon Ecrit.

Philadelphie, le 14 février 1776.

LE SENS COMMUN.

CHAPITRE PREMIER.

De l'Origine et du But du Gouvernement en géneral, avec quelques remarques sur la Constitution anglaise.

Quelques écrivains ont tellement confondu la société et le gouvernement, qu'il est maintenant très-difficile de distinguer ces deux choses. Cependant elles diffèrent entre elles, et par leurs principes et par leur origine. La société est le résultat de nos besoins, et le gouvernement, de notre perversité. Le premier nous offre positivement le bonheur par l'union et l'amour de ses divers membres; l'autre nous l'assure *négativement* en réprimant nos vices : l'un excite la concorde, l'autre crée des distinctions : enfin le premier protège, le second punit.

L'ordre social est toujours un bien; mais le meilleur gouvernement est un mal nécessaire, et le plus mauvais, un mal insupportable; car, lorsque dans un gouvernement nous endurons les mêmes maux auxquels nous serions exposés dans un pays qui serait sans gouvernement, nos souffrances sont augmentées par la réflexion, qui nous montre que nous en sommes nous-mêmes les auteurs. Le gouvernement, ainsi qu'un vêtement, est la preuve que notre innocence est perdue. Les palais des rois ont été bâtis sur les débris des berceaux d'Eden. Quand l'homme écoutait docilement les impulsions d'une conscience pure, égale, il n'avait pas besoin d'autre législateur : mais, en changeant, il a senti qu'il était nécessaire de céder une partie de sa propriété naturelle pour concourir aux moyens de pouvoir conserver le reste ; et, en cela, il n'a fait que suivre cette prudence qui, toutes les fois qu'il est forcé de choisir entre deux maux, le porte à préférer le moindre. Le gouvernement n'ayant donc qu'un seul but, celui d'une sûreté générale, il s'ensuit que celui qui, par sa forme, paraît le plus propre à garantir cette sûreté, avec le moins de dépenses et le plus d'avantages, est préférable à tous les autres.

Pour nous former une idée simple et juste des principes et des motifs d'un gouvernement, supposons un petit nombre de personnes se rencontrant dans un coin écarté de la terre, et n'ayant aucun rapport avec le reste de ses habitans. Ces gens nous représenteront les premières peuplades des diverses contrées de la terre, ou même celles du monde entier. Dans cet état de liberté naturelle, la société sera leur premier objet. Mille motifs différens les y exciteront; les forces de l'homme toujours si peu proportionnées à ses besoins; la nature de son âme si peu faite pour une solitude continuelle, et sans cesse portée à rechercher des consolations et des secours auprès d'un autre être, qui, à son tour, éprouve les mêmes besoins. Quatre ou cinq de ces infortunés rendront, en se réunissant, leur séjour supportable au milieu du plus vaste désert; mais un seul ne pourrait y rien faire. Quand il aurait abattu un arbre pour se construire une maison, il n'aurait pas la force de le charrier, et, s'il le charriait, il lui serait impossible de le faire tenir debout. La faim le détournerait à tout instant de son travail, et chaque besoin différent le conduirait en différens endroits. Que dis-je? les maladies, le malheur appelleraient bientôt la mort; et il aimerait, sans doute, mieux périr que de supporter une si triste vie.

La nécessité, semblable à la puissance de la gravitation, réunirait donc bientôt nos nouveaux émigrans dans un état de société dont les avantages leur suffiraient, et rendraient les lois et le gouvernement inutiles, tandis qu'ils resteraient parfaitement justes les uns envers les autres. Mais, comme rien sur la terre ne peut demeurer exempt de vice, il est indubitable qu'à mesure qu'ils surmonteraient plus aisément les premières difficultés de l'émigration, ils se relâcheraient de leurs devoirs et de leur attachement mutuels, et ce changement leur indiquerait la nécessité d'établir un gouvernement quelconque, pour remédier à l'oubli des vertus.

C'est au pied d'un grand arbre, que la nouvelle colonie établirait d'abord sa maison d'état, et qu'elle se rassemblerait pour délibérer sur les affaires publiques. Il est probable que leurs premières lois n'auraient que le titre de réglemens, et n'indiqueraient d'autre punition que le mépris. Dans ce premier parlement, chaque membre de la république siégerait par un droit naturel.

Cependant, à mesure que la colonie deviendrait plus nombreuse, l'intérêt public croîtrait; et la distance qui séparerait la demeure des divers colons, les empêcherait de pouvoir tous se réunir, à chaque occasion, dans un même endroit, comme lorsqu'ils étaient peu, que leurs habitations étaient rapprochées, et que les affaires publiques n'étaient pas de grande conséquence. Alors ils consentiraient à nommer pour l'administration des lois et des affaires, quelques-uns d'entre eux, qui seraient supposés avoir les mêmes intérêts que ceux qui les auraient choisis, et qui pourraient agir de la même manière que si toute la république se réunissait. Si la colonie croissait encore, il faudrait augmenter à proportion le nombre des représentans; et, pour que l'intérêt d'aucune partie de l'État ne fût lésé, on le diviserait en cantons, qui, chacun, nommerait un nombre convenable de députés.

Pour que les représentans n'eussent pas bientôt un intérêt différent de celui des électeurs, la prudence dicterait de renouveler souvent les élections; car, étant obligés de revenir, au bout de quelques mois, parmi leurs concitoyens, la crainte d'y être mal accueillis, serait un garant de la fidélité de leur conduite. Comme ces changemens fréquens établiraient un intérêt commun entre toutes les parties de l'État, elles se secourraient naturellement les unes les autres; et c'est de là, non du titre insignifiant de roi, que dépend la force du gouvernement, et le bonheur de ceux qui sont gouvernés.

Voilà donc l'origine et l'institution du gouvernement. Il n'est fondé que sur l'inefficacité de nos vertus morales pour régir le monde. Voici en même temps les principes et le but du gouvernement : c'est d'assurer notre liberté et notre tranquillité; et, quelque éclat qui éblouisse nos yeux, quelque bruit qui frappe nos oreilles, quoique le préjugé change nos volontés, et l'intérêt obscurcisse notre entendement, la simple voix de la nature et de la raison dit que ce but seul est juste.

J'ai tiré mon idée de la forme du gouvernement d'un principe naturel, qu'aucun art ne peut changer; c'est que, plus une chose est simple, moins elle est sujette à se déranger ; et, si elle se dérange, plus elle est facile à réparer : et sans perdre de vue cette maxime, je vais offrir quelques remarques sur la Constitution si vantée de l'Angleterre. Je conviens d'abord que cette Constitution était belle, pour le siècle d'esclavage et de ténèbres où elle fut faite. Le despotisme couvrait la terre, et il y avait beaucoup de danger et de gloire à lui en dérober une partie; mais il est également aisé de démontrer que la Constitution anglaise est imparfaite, occasionne des troubles continuels, et ne peut procurer le bien qu'elle semble promettre.

Les gouvernemens absolus, quoique honteux pour la nature humaine, ont du moins un avantage, c'est qu'ils sont simples. Si les peuples souffrent, ils savent toujours la source d'où coulent leurs maux; ils n'en ignorent pas le remède, et ils ne peuvent être trompés par la diversité des causes et des moyens de les guérir. La Constitution d'Angleterre, au contraire, est tellement compliquée, que, toutes les fois que la nation éprouve quelque injustice, il faut plusieurs années pour qu'elle découvre de quelle part cette injustice naît. L'un dit que c'est d'ici; l'autre, que c'est de là; et chaque médecin politique offre une manière différente de guérir le mal.

Je sais qu'il est bien difficile de détruire des préjugés antiques et nationaux; cependant si nous nous permettons d'examiner les parties qui composent la Constitution anglaise, nous verrons qu'elles ne sont que les débris de deux anciennes tyrannies, mêlées avec quelques maximes républicaines.

1°. Nous y voyons les restes de la tyrannie monarchique dans la personne du roi.

2°. Les restes de la tyrannie aristocratique dans la personne des pairs.

3°. Les principes modernes et républicains dans les communes, dont la vertu répond seule de la liberté de l'Angleterre.

Les deux premiers sont héréditaires, et conséquemment indépendans du peuple ; et dans un sens constitutionnel, ils ne contribuent certainement en rien à la liberté de l'État. Ainsi il est ridicule de dire que la constitution d'Angleterre est composée de trois pouvoirs qui se répriment réciproquement ; ou ces mots n'ont point de sens, ou ils se contredisent.

Dire que l'autorité des communes est un frein pour la puissance royale, suppose deux choses :

Premièrement, qu'on ne peut pas avoir confiance dans le roi, sans le surveiller de très-près ; ou, en d'autres termes, que la soif du pouvoir absolu est la maladie naturelle de tous les rois.

En second lieu, que les communes, puisqu'elles sont chargées de surveiller le roi, doivent être plus sages et plus dignes de confiance que le monarque.

Mais, comme la Constitution qui donne aux communes le pouvoir d'arrêter le roi, en lui refusant des secours d'argent, donne après cela au roi le pouvoir de rendre nulles toutes les délibérations des communes, en rejetant leurs autres bills, il faut supposer qu'alors le roi devient plus sage que ceux qui avaient été d'abord jugés plus sages que lui ; ce qui est une étrange absurdité.

Il y a une chose vraiment bizarre dans l'institution de la monarchie. On refuse d'abord à un homme tout moyen d'instruction, et on donne ensuite à ce même homme le pouvoir d'agir dans des cas où le plus profond jugement est nécessaire. L'état d'un roi l'empêche absolument de connaître le monde, et les affaires exigent qu'il le connaisse parfaitement. Ainsi ces contradictions perpétuelles dans une même chose, prouvent que cette chose est absurde et inutile.

Voici comment quelques écrivains ont expliqué la Constitution anglaise. « Le roi, disent-ils, est un pouvoir; le peuple, l'autre. Les pairs sont du côté du roi; les communes, du côté du peuple. » Mais alors cela ressemble à une maison où règne la discorde; et, quoique cette définition paraisse d'abord faite assez élégamment, on trouve, en l'examinant ensuite avec réflexion, que les mots en sont vagues et équivoques. On voit enfin que les phrases les mieux arrangées, lorsqu'elles sont appliquées à des choses qui ne peuvent exister, ou qui sont en quelque sorte incompréhensibles, n'offrent que des sons qui peuvent bien flatter l'oreille, mais qui certes ne disent jamais rien à l'esprit.

La prétendue explication dont je viens de parler, fait naître une question : *Comment se fit-il que le roi fût revêtu d'un pouvoir auquel le peuple craint de se confier, et qu'il est sans cesse obligé de réprimer?* Un tel pouvoir ne put être donné par un peuple sage, et aucun pouvoir qui a besoin de répression, ne peut venir de Dieu; cependant la Constitution anglaise suppose l'existence de ce pouvoir.

Mais tout cela n'est qu'un tissu de contradictions et d'inconséquences; car, comme dans la balance le plus grand poids doit nécessairement emporter le moindre, et que dans une machine toutes les roues doivent être mises en mouvement par une première, il s'agit de savoir quel des pouvoirs de la Constitution anglaise a le plus de poids; car c'est celui qui doit gouverner: et, quoique les autres, ou au moins une partie d'entre eux, puissent l'embarrasser, ou, comme on dit, ralentir la rapidité de son mouvement, s'ils ne peuvent pas l'arrêter tout-à-fait, leurs efforts seront inutiles. Il va toujours droit à son but, et il y arrivera un peu plus tôt ou un peu plus tard.

Il est certainement inutile de dire que la royauté est dans la Constitution anglaise le pouvoir prépondérant; et que ce qui lui donne cette prépondérance, est la faculté d'accorder des places et des pensions. Dans le même temps où nous avons paru assez sages pour fermer la porte à la monarchie absolue, nous avons fait la folie de donner la clef de la serrure au monarque.

Le préjugé des Anglais en faveur de leur gouvernement composé d'un roi, des pairs et des communes, est un effet de l'orgueil national, et ne peut être autorisé par la raison. En Angleterre, les personnes sont, sans contredit, plus en sûreté que dans quelques autres pays ; mais la volonté du roi n'y fait pas moins la loi qu'en France : il y a une seule différence, c'est qu'au lieu de sortir directement de sa bouche, elle paraît sous la forme d'un bill émané du parlement.

Le sort de Charles Ier a rendu les rois plus rusés, mais non pas plus justes.

Toutefois, en laissant de côté tout orgueil, tout préjugé national, la vérité est que, si le roi n'est pas aussi despote en Angleterre qu'en Turquie, on le doit à la Constitution du peuple, et non à la Constitution du gouvernement.

La recherche des erreurs constitutionnelles dans la forme du gouvernement britannique, est en ce moment très-nécessaire ; mais, comme nous ne sommes jamais disposés à bien rendre justice aux autres, tandis que nous avons quelque intérêt contraire, nous ne pouvons pas non plus nous rendre justice à nous-mêmes, si nous restons entravés dans les fers du préjugé. L'homme attaché à une prostituée est incapable de distinguer et de juger une femme honnête : ainsi toute prévention en faveur d'une constitution corrompue, ne nous permet pas d'en discerner une bonne.

(Nous croyons devoir transcrire ici quelques idées de trois grands Publicistes.)

Tacite s'exprime ainsi :

« *Nam cunctas nationes et urbes populus, aut primores, aut singuli regunt : delecta ex his et consociata reipublicæ forma, laudari faciliùs, quàm evenire ; vel, si evenit, haud diuturna esse potest.* »

« Tout État est gouverné ou par le peuple ou par un sénat, ou par un monarque. Une administration composée de ce qu'il y a de mieux dans ces trois espèces de gouvernement, est un système qu'il serait plus facile de louer que d'établir, et qui ne pourrait avoir de durée, si on le mettait en pratique. »

(Machiavel, dans son Discours sur la réforme du gouvernement de Florence) :

« On ne peut compter, dit-il, sur la stabilité d'aucun État, s'il n'est ou vraiment monarchique ou vraiment républicain : tous les autres gouvernemens intermédiaires sont défectueux. La raison en est simple : c'est que l'État monarchique n'a qu'une seule voie pour se dissoudre, qui est de descendre à l'État républicain ; comme celui-ci n'a également qu'à monter vers l'État monarchique : au lieu que les États intermédiaires ont deux moyens de changer de constitution, soit en montant vers l'État monarchique, soit en descendant vers le républicain : et c'est de là que naît leur instabilité. »

(Filangieri a consacré un chapitre entier à l'examen de la Constitution anglaise ; nous offrons à nos lecteurs ce morceau vraiment remarquable) :

« J'appelle gouvernement mixte, celui dans lequel le pouvoir souverain, ou, si l'on veut, la puissance législative, est entre les mains de la nation, représentée par un congrès divisé en trois corps, qui sont, la noblesse ou les patriciens, les représentans du peuple et le roi. L'exercice de ce pouvoir suppose leur concours respectif. Quant à la puissance exécutrice, pour tout ce qui a rapport tant au droit civil qu'au droit des gens, elle est entre les mains du roi seul, qui est indépendant dans l'exercice de ces deux puissances.

» Un gouvernement considéré sous cet aspect offre trois vices inhérens à sa constitution : l'indépendance où se trouve celui qui doit faire exécuter envers le corps qui doit ordonner ; la secrète et dangereuse influence que peut avoir le prince dans le congrès des corps, et enfin l'instabilité même de la constitution. La législation ne doit pas en changer l'essence, elle ne doit chercher qu'à en corriger les défauts. Ainsi, c'est au choix des moyens propres à prévenir les funestes effets de ces trois vices, qu'il faut appliquer tous les principes relatifs au rapport des lois avec la nature de ce gouvernement. Mais, avant de nous occuper de la recherche du remède, assurons-nous de l'existence du mal.

» Dans les trois formes de gouvernement dont j'ai parlé au chapitre précédent, les différentes portions du *pouvoir* sont distribuées selon leur nature ; elles sont réparties dans les différentes mains destinées à les mettre en action. Mais ces mains ne sont pas indépendantes entre elles. Leurs mouvemens ne peuvent être qu'uniformes, leur direction ne peut être que commune. L'une est la source d'où les autres découlent ; c'est la roue principale qui communique le mouvement à toutes les roues secondaires. Si le Souverain qui fait la loi n'est pas, dans ces gouvernemens, l'instrument qui la fait exécuter ; s'il est obligé de remettre entre les mains des magistrats la puissance judiciaire, il a du moins près de lui la force publique, et par conséquent le moyen le plus propre à faire respecter ses ordres, et à retenir les magistrats dans les bornes qu'il leur a prescrites.

» Dans le gouvernement mixte, au contraire, le magistrat, chargé seul de l'exécution de la loi, réunit dans ses mains toutes les forces de la nation. Le Souverain, ou, si l'on veut, le congrès qui représente la souveraineté, peut bien à son gré promulguer des lois ; mais celui qui doit les faire exécuter est non-seulement indépendant, il est même plus fort que le Souverain dont elles émanent. Comment prévenir sa négligence? quels sont les moyens de réprimer ses infractions?

» Le peuple dans les démocraties, le sénat dans les aristocraties, le monarque dans les monarchies, peuvent se défaire à volonté d'un magistrat qui abuse de son pouvoir, qui méprise les lois, et qui dispose arbitrairement de la vie et de la subsistance des citoyens. Mais dans le gouvernement mixte, où le magistrat est le roi, et le Souverain l'assemblée ; où le roi lui-même est considéré comme un des trois corps qui doivent de concert exercer la souveraineté ; dans ce gouvernement, quel est celui en qui peuvent résider le droit et la force de punir ?

» En Angleterre, le parlement peut-il détrôner son roi ? a-t-il le droit et la force de le faire ? le roi ne devrait-il pas lui-même signer le décret de sa condamnation, pour le légitimer ? ne devrait-il pas encore en diriger l'exécution ? n'est-ce pas une maxime fondamentale, dans ce gouvernement, que le roi est infaillible, qu'aucune jurisdiction sur la terre ne peut avoir le droit de le juger et de le punir, et que, si le parlement avait ce droit, la Constitution nationale serait bientôt détruite, puisque la puissance législative usurperait les droits de la puissance exécutrice, laquelle est indépendante par la nature de ce gouvernement ?

» N'est-ce pas encore une loi fondamentale chez cette nation, que la personne du roi est sacrée, quand même il se permettrait des actions tyranniques ? (1)

» Les Publicistes de cette nation n'ont-ils pas dû

---

(1) *Blackston*, tom. 1, chap. 7, pag. 353, 354, 355. Il est bon d'observer que ce célèbre écrivain est le plus grand apologiste de la Constitution de son pays.

avouer que la loi n'a pas prévu le cas où un roi voudrait détruire la liberté politique du peuple anglais, et que, dans ce cas, le seul remède serait celui de l'insurrection? (1)

» Pour légitimer l'acte qui enleva Jacques II à la couronne d'Angleterre, n'aurait-on pas dû supposer que ce prince avait renoncé au trône, en fuyant hors de ses États, et qu'il avait volontairement déposé une couronne qu'aucune puissance ne pouvait lui ôter légitimement, malgré les attentats qu'il avait commis contre la Constitution, et la guerre ouverte qu'il avait déclarée à la liberté de la nation? (2)

» L'indépendance où se trouve la puissance exécutrice envers la puissance législative, est donc le vice particulier de cette espèce de gouvernement : ce vice est fondé sur une prérogative qu'on ne pourrait abolir sans détruire la Constitution. Voilà le premier mal que les lois doivent s'occuper à guérir.

» Le second est, comme nous l'avons dit, l'influence secrète du prince dans les congrès qui représentent la souveraineté.

---

(1) *Blackston*, *ibid.*
(2) *Blackston*, *ibid.*

» Dans les gouvernemens mixtes de cette espèce, le roi a une double influence dans les congrès. Considéré comme l'un des trois corps qui les composent, il est juste qu'il ait l'autorité négative, c'est-à-dire, le droit de s'opposer aux résolutions des deux autres corps ; d'abord parce que la Constitution du gouvernement exige le concours unanime de ces trois corps pour l'exercice de la puissance législative ; ensuite parce que, si ce droit n'appartenait pas au roi, la puissance exécutrice pourrait être anéantie par la puissance législative, qui ne trouverait aucun obstacle à son usurpation. Cette première influence est légitime et nécessaire.

» Mais le roi, considéré dans ces mêmes gouvernemens comme le seul distributeur de toutes les charges tant civiles que militaires, et comme le seul administrateur du revenu public, possède alors tous les moyens d'acheter à son gré la pluralité des suffrages, et de faire du congrès, qui représente la nation, l'organe de sa volonté : et c'est là cette influence secrète qui peut anéantir la liberté du peuple, sans que la Constitution en soit altérée; qui peut opprimer la nation, sans faire trembler la main qui l'opprime.

» Dans tous les autres gouvernemens, la crainte est la compagne inséparable de l'oppresseur. Si un Souverain, dans une monarchie absolue, veut resserrer les fers de ses peuples, s'il veut rompre les pactes en vertu desquels il est monté sur le trône, s'il veut opprimer ses sujets par des impositions excessives ; il a toujours devant les yeux la fureur du peuple qui l'épouvante ; il sent son trône chanceler sous ses pieds ; il voit le danger auquel il expose sa vie.

» Mais dans les gouvernemens mixtes, le roi, qui peut se servir du bras du congrès pour opprimer la nation, peut le faire aussi sans avoir tant de motifs d'effroi. Il sait que le congrès sera responsable de tout auprès de la nation ; il sait que ce ne sera jamais sur sa personne que viendra fondre la fureur du peuple. Il a donc un instrument de plus, et autant d'obstacles de moins pour devenir un oppresseur ; et il le deviendra facilement, si, à la volonté de l'être, il réunit les talens nécessaires pour y réussir. Il suffit qu'il ne détruise pas de sa propre main l'apparence de la Constitution ; il suffit qu'il respecte les droits du congrès, et qu'il se contente d'en disposer : alors il fera toujours sans danger tout ce qu'il lui plaira.

» Si Jacques II eût eu recours au parlement pour rétablir le catholicisme; si, pour le rappeler dans ses États, il se fût servi des mêmes instrumens que ses prédécesseurs avaient employés pour le proscrire ; si, au lieu de suivre l'exemple de Jacques Ier, son aïeul, et de Charles Ier, son père, il eût eu la politique de Henri VIII et d'Elisabeth ; s'il eût su, comme eux, faire du parlement l'exécuteur aveugle, non-seulement de la volonté, mais encore du caprice du prince; s'il n'eût pas commis un attentat manifeste contre la Constitution, en promulguant de nouvelles lois et en abolissant les anciennes sans l'autorité du parlement ; la couronne d'Angleterre n'aurait point passé sur la tête du prince d'Orange, et la nation ne se serait pas élevée contre son roi. Le parti de l'Église anglicane aurait tout au plus brûlé les maisons de quelques parlementaires, et tout aurait fini là. Le seul règne de Henri VIII est une preuve incontestable de cette vérité.

» En effet, que ne fit-il point sous les auspices du parlement? Quels attentats ne commit-il point contre la liberté du peuple, contre la sûreté publique, contre la décence des mœurs, et contre le respect dû à la religion? Ne fut-ce pas par le bras même du parlement, qu'il fit élever ces gibets où les mères des héritiers du trône allèrent expier le malheur d'avoir cédé à l'amour du plus abominable des hommes? Ne fut-ce pas par les mains du parlement, qu'il fit allumer ces bûchers où les meilleurs sujets de l'État allèrent finir leurs jours? Ne fut-ce pas le parlement qui décida que la simple volonté du prince aurait force de loi (1)? Tous les blasphêmes de la tyrannie ne furent-ils pas adoptés par le parlement, sous le règne de ce prince, comme autant de principes de jurisprudence? Les crimes de *lèse-majesté* ne devinrent-ils pas plus nombreux et plus bizarres dans le Code anglais, qu'ils ne le furent jamais dans celui des Néron et des Tibère? La manie, commune aux tyrans, de dominer sur les esprits de même que sur les corps, cette manie, qui a coûté si cher au genre humain, ne fut-elle pas légitimée par cette auguste assemblée? Non, il n'y a d'autre différence entre l'histoire de ce prince et celle de tous les monstres qui ont souillé de sang le trône sur lequel ils étaient assis, si ce n'est que ces derniers ont fait d'une main tremblante ce que Henri fit avec la plus grande assurance, sous la protection même du parlement.

» A défaut de toute autre raison, ce trait seul de l'histoire de la Grande-Bretagne suffirait pour démontrer que, dans les gouvernemens mixtes

(1) Statut 13 de Henri VIII, chap. 3.

de cette espèce, le roi pourra toujours faire ce qu'il voudra; qu'il pourra opprimer la nation, sans altérer la Constitution et sans courir aucun risque pour sa personne. Il suffit qu'il ait l'art de corrompre l'assemblée qui représente la souveraineté; il en a les moyens.

» Comment donc lui enlever l'usage de ces moyens, sans détruire cette Constitution? C'est précisément le second objet de la législation considérée dans son rapport avec la nature du gouvernement.

» Enfin le dernier vice inhérent à la Constitution du gouvernement mixte, est cette continuelle fluctuation du pouvoir entre les différens corps qui se partagent l'autorité; fluctuation difficile à prévenir, et qui, en dernière analyse, produit l'instabilité de la Constitution. Il ne sera pas difficile de nous convaincre de cette vérité.

» Dans tous les gouvernemens du monde, le pouvoir de créer, abolir, changer les lois fondamentales de la nation, est un droit de la nation même. Ce pouvoir n'est donc uni à la souveraineté, que dans les gouvernemens où elle réside dans les mains de la nation entière : or ce n'est que dans les gouvernemens populaires et dans les gouvernemens mixtes, que la nation est le Souverain; c'est donc le Souverain, dans ces deux espèces de gouvernemens, qui peut changer ou altérer à son gré la Constitution.

» Il est très-rare qu'on use de ce pouvoir dans les gouvernemens populaires, parce qu'il n'y a point d'opposition de forces, de vues d'intérêts entre les différens corps qui se partagent l'autorité. Mais, dans les gouvernemens mixtes, où ces mêmes corps sont perpétuellement occupés d'accroître à l'envi la portion de pouvoir qui leur est confiée, où le corps qui représente la souveraineté, et qui peut disposer de la Constitution, a toujours intérêt de l'altérer, soit pour étendre la portion d'autorité qu'il a comme souverain, soit pour la restreindre en faveur de celui qui peut dédommager ses membres d'un sacrifice qui leur coûte très-peu ; dans les gouvernemens mixtes de cette espèce, la Constitution ne peut jamais être stable ; elle doit essuyer de continuelles altérations, puisque chacune de ces altérations est avantageuse ou au corps qui l'opère, ou à ses membres

» L'Angleterre, qui m'a fourni toutes les preuves de fait de mes propositions dans ce chapitre, m'en offrirait encore de cette dernière vérité, si je ne craignais d'être long et diffus. Je me contenterai seulement d'ajouter que l'histoire de cette nation est, pour ainsi dire, l'histoire des vicissitudes de son gouvernement ; que le caractère du roi a, dans tous les temps, déterminé celui de la Constitution ; que, sous un prince faible et dépourvu de talens, ou qui s'est trouvé placé dans des circonstances malheureuses, les deux chambres ont toujours usurpé quelque portion de l'autorité royale ; mais que, sous un prince rusé et hardi, elles ont toujours vendu une grande partie de leurs prérogatives. En effet, quand on a observé ce gouvernement sous les prédécesseurs de Charles Ier, on ne le reconnaît plus sous Jacques II. La vigueur actuelle du parlement n'est pas l'effet d'une cause solide et durable, mais de quelques circonstances passagères. Que le successeur de Georges III, en héritant de sa couronne, hérite aussi de ses talens, sans avoir ses vertus ; qu'un règne troublé par des guerres et des dissentions intestines, soit suivi d'un règne de paix ; que le Souverain ne soit plus obligé de traiter la nation avec douceur, pour la faire contribuer aux frais d'une guerre honteuse contre ses propres enfans ; que toutes ces circonstances, en un mot, accompagnent sur le trône de la Grande-Bretagne l'héritier de Georges III : et l'on verra bientôt toutes ces chaînes de l'autorité royale s'assouplir une nouvelle fois, le parlement perdre sa force, et le trône reprendre sa puissance. Qu'on se rappelle ce qui arriva sous Cromwell, et l'ascendant subit que reprit sur la nation l'ombre même de la couronne posée sur la tête d'un usurpateur absolu.

» C'est donc cette instabilité, troisième vice inhérent à cette Constitution, que les lois doivent s'efforcer de détruire.

» A présent que nous sommes assurés de l'existence du mal, cherchons les moyens d'y remédier.

» Nous avons dit que le premier des vices propres à cette Constitution, est l'indépendance où se trouve celui qui doit faire exécuter, envers le corps qui doit commander; nous avons dit qu'elle est de l'essence même de la Constitution. Les lois, qui ne peuvent la détruire, ne pourraient-elles pas la modifier? Oui : mais il n'y a qu'un moyen de le faire; c'est de distinguer la puissance exécutrice, de la puissance judiciaire. Je m'explique.

» Dans un gouvernement mixte bien organisé, il est de l'essence de la Constitution, que le roi ait toute la puissance exécutrice des lois, et non qu'il exerce personnellement ce pouvoir dans toute son étendue : qu'il soit exercé par lui-même ou par d'autres, en son nom et sous son autorité, la nature de la Constitution est toujours la même. En effet, tout ce que je fais faire par un autre en mon nom et sous mon autorité, doit être supposé fait par moi-même.

» Cela posé, il ne sera donc pas contraire à la nature de ce gouvernement, que le roi ait des tribunaux fixes et immuables, lesquels, sans aucune autorité personnelle, mais revêtus d'une émanation de la sienne, exercent en son nom la puissance judiciaire. Or si l'existence de ces tribunaux ne détruit point la Constitution de ce gouvernement, il en sera de même de l'obligation imposée au prince de ne pouvoir faire usage de cette puissance judiciaire, que par l'organe de ces mêmes tribunaux. Le roi, obligé de s'en servir dans l'exercice de la puissance judiciaire, ne perdra rien de ses prérogatives, tant qu'ils seront regardés comme les organes de ses volontés. La puissance judiciaire étant ainsi séparée de la puissance exécutrice, dans le fait et non dans le droit, il ne pourra pas, malgré l'entière indépendance que lui accorde la Constitution du gouvernement, éluder la loi, et disposer arbitrairement de la vie, de l'honneur, et de la fortune des citoyens. En effet, s'il est indépendant, s'il n'y a personne qui puisse l'appeler en jugement, s'il n'existe aucune autorité légitime qui puisse le juger, il n'en est pas ainsi de ses tribunaux et des membres qui les composent. Les jugemens d'un tribunal peuvent être examinés et réformés par un tribunal supérieur. Un citoyen opprimé par un magistrat a droit de l'accuser devant un autre juge, et le magistrat peut être puni. Aucune de ces procédures ne serait contraire à la Constitution du gouvernement. L'indépendance du roi n'en serait point detruite; elle serait seulement restreinte en faveur de la sûreté publique.

» La législation anglaise a déjà reconnu la nécessité de ce remède, et elle l'a adopté. Dans le temps que la Constitution de cet État était encore plus défectueuse qu'elle ne l'est aujourd'hui, le roi décidait souvent seul des différens qui s'élevaient entre les citoyens; il jugeait lui-même leurs procès. Le seul exercice de ce droit fit tout-à-coup sentir les funestes conséquences qui en pouvaient résulter. Il fut donc réglé que la puissance judiciaire serait dorénavant exercée au nom du roi par ces tribunaux, et que ceux-ci seraient les dépositaires immédiats des lois. (1)

» Dans la suite, on ôta encore au roi le droit de déposer à son gré les membres de ces tribu-

(1) *Blackston, ibid.* pag. 387, 388.

naux. En remettant ainsi entre les mains des magistrats l'exercice de la puissance judiciaire, on avait eu pour but d'enchaîner l'injustice et l'oppression de celui qui était chargé de faire exécuter les lois; on s'occupa ensuite à en rendre l'observation plus constante et plus sûre. Le statut 13, chap. 2, de Guillaume III, dit que les magistrats exerceront leur ministère, tant qu'ils le rempliront avec exactitude, *quandiù bene se gesserint*, et non tant qu'il plaira au roi, *durante bene placito*. (1)

» Voilà donc comment la législation pourrait remédier au premier vice inséparable de la constitution de ce gouvernement. La législation anglaise est admirable à l'égard de ce premier objet; mais offre-t-elle les mêmes moyens contre les deux autres vices dont nous avons parlé? Quel remède a-t-elle opposé à l'influence secrète du prince dans les parlemens? Elle a pris, il est vrai, quelques mesures pour empêcher que l'élection des membres qui composent la chambre des communes, ne vienne à tomber sur des sujets ouvertement dévoués au prince. Elle a déclaré incapables de siéger dans cette assemblée, tous

---

(1) *Blackston*, *ibid.*

ceux qui occupent quelques-unes de ces charges dont les provisions dépendent du choix arbitraire de la couronne. Enfin tous les pensionnaires du roi en sont aussi exclus ; (1) mais à quoi tout cela sert-il? Une fois entrés dans cette chambre des communes, ne sont-ils pas dans le cas d'espérer et d'obtenir les places ou les graces qu'ils n'avaient pas? Et l'espérance et l'ambition n'ont-elles pas plus d'activité que la reconnaissance?

» Supposons, ce qui n'est pas, que ces mesures puissent assurer la plus grande impartialité dans les membres de la chambre des communes, comment la législation anglaise a-t-elle arrêté l'influence du prince dans la chambre des pairs, cette assemblée dont les membres, par leur inamovibilité, ont toujours la plus grande part aux délibérations? Au lieu d'affaiblir cette influence, ne l'a-t-elle pas entretenue avec soin? n'a-t-elle pas donné au prince le droit de créer autant de lords qu'il veut? (2) et chaque nouveau lord n'est-il pas une voix de plus pour le roi? et les évêques ou lords ecclésiastiques ne

(1) *Blackston*, *ibid.* tom. 1, pag. 251, 252.

(2) *Blackston*, *ibid.* tom. 1, pag. 227.

sont-ils pas aussi des créatures du prince? (1) ne sont-ce pas vingt-six autres voix qui lui sont dévouées? il n'y a point de Souverain en Europe, qui ait autant de charges à donner, autant de bénéfices à distribuer, que le roi d'Angleterre. La législation, au lieu de restreindre sa munificence, l'a rendue inépuisable. Un Anglais peut tout espérer de son roi, et n'a rien à attendre du parlement.

» Laissons donc la législation anglaise, puisqu'elle ne nous offre, pour ce vice de sa Constitution, aucun remède convenable; contentons-nous d'en proposer un qui, par sa simplicité et par la facilité de l'exécution, nous paraît le meilleur

» On ne peut, dans un gouvernement de cette espèce, refuser au roi la faculté de nommer à toutes les charges tant militaires que civiles; c'est un droit qui dérive de la Constitution même dont il a reçu toute la puissance exécutrice pour tout ce qui concerne le droit civil comme le droit des gens.

» Nous savons qu'il résulte bien peu d'avan-

---

(1) *Blackston, ibid.* pag. 405, 406.

tages, en Pologne et en Suède, de la diminution de la prérogative royale à cet égard. Ainsi, il ne faut point penser à abolir ou à restreindre un droit que la Constitution même du gouvernement rend inséparable de la couronne; car, je le répète, la législation ne doit pas, ne peut pas même détruire la Constitution; elle ne doit que s'occuper à corriger ses défauts. Laissons donc au roi la liberté de disposer de toutes les charges dépendantes de la double puissance exécutrice qui lui est confiée; efforçons-nous seulement de balancer l'influence que pourrait lui donner cette prérogative, en lui assurant d'autres droits dans l'assemblée qui représente la souveraineté. Il faut que celle-ci conserve l'espèce de munificence qui lui est propre. Comme souveraine, elle peut seule disposer des membres de la souveraineté. Par exemple, quoi de plus étranger aux droits du roi d'Angleterre, que le pouvoir de créer ainsi des lords ecclésiastiques et laïques? Ces lords ne sont-ils pas membres de la souveraineté? Et le roi, n'étant pas souverain par la nature même du gouvernement, peut-il communiquer aux autres ce qu'il n'a pas?

» N'est-ce pas là un sacrifice absurde et dangereux que la puissance législative a fait en faveur de la puissance exécutrice? N'est-ce pas là un moyen de priver le peuple de ses tribuns, pour en faire autant de royalistes pervers ? Ne doit-on pas regarder les principes d'une Constitution libre, comme perdus pour toujours, lorsque c'est la puissance exécutrice qui crée la portion la plus auguste de la puissance législative ? »

CHAPITRE II.

De la Monarchie et de la succession héréditaire.

Les hommes étant tous égaux dans l'ordre de la création, leur égalité ne put être détruite que par diverses causes, parmi lesquelles on peut compter, sans doute, la distinction du riche et du pauvre, qui eut alors lieu, sans qu'on connût les noms désagréables d'oppression et d'avarice. L'oppression est souvent l'effet des richesses, mais jamais le moyen de les acquérir; et si l'avarice empêche un homme de tomber dans l'extrême indigence, elle le rend trop craintif pour qu'il puisse jamais devenir très-riche.

Mais il y a ensuite un autre grand coup porté à l'égalité, et qu'on ne peut justifier par aucune raison naturelle ni religieuse : ce coup est la distinction des hommes entre rois et sujets. La nature a distingué les mâles et les femelles; Dieu, les bons et les méchans : mais comment parut-il dans le monde une race d'hommes aussi élevés au-dessus des autres, et regardés comme une espèce nouvelle? Il est juste d'en rechercher l'origine et d'examiner s'ils sont créés pour le bonheur ou le malheur du genre humain.

En nous en rapportant à l'Ecriture sainte, nous voyons que, dans les premiers âges du monde, il n'y avait point de rois. Aussi, par une conséquence naturelle, n'y avait-il point de guerre; l'orgueil seul des rois livra le genre humain à la discorde. La Hollande, délivrée de rois, a joui, dans ce siècle, de plus d'années de paix que tous les royaumes de l'Europe ensemble. L'antiquité nous fournit de pareils exemples; la vie tranquille et pastorale des premiers patriarches a quelque chose d'heureux qui disparaît dès qu'on arrive à l'histoire des rois juifs.

Les païens furent les premiers qui instituèrent le gouvernement des rois; et les enfans d'Israël les imitèrent bientôt. L'enfer ne put rien produire de plus capable de faire prospérer l'idolâtrie. Les païens adoraient les rois après leur mort. Les chrétiens ont depuis renchéri sur les païens, car ils adorent leurs monarques pendant leur vie. Eh! combien est impie le titre de *sacrée majesté*, appliqué à un ver qui, malgré sa vaine splendeur, rampe encore dans la poussière!

Les droits de la nature ne permettent point qu'on élève autant un homme au-dessus des autres, et l'autorité de l'Écriture ne peut justifier cette élévation; au contraire, l'Éternel a déclaré, par la bouche de Gédéon et de Samuel, qu'il désapprouvait le gouvernement des rois. Tous les passages qu'on rencontre dans la Bible, contre les rois, ont été adoucis dans les gouvernemens monarchiques; mais ils méritent certainement l'attention des nations qui sont encore à même de former leur gouvernement. « Rendez à César ce qui appartient à César, » est la doctrine des cours. Cependant cette maxime n'a point été faite pour un gouvernement monarchique; car les Juifs étaient alors sans rois, et sous le joug des Romains.

D'après la Bible, le monde avait été créé depuis près de trois mille ans, lorsque les Juifs, égarés, s'avisèrent de demander un roi. Jusqu'alors leur gouvernement, excepté dans quelques cas où le Tout-Puissant intervenait lui-même, avait été une espèce de république, gouvernée par un juge et les anciens des tribus. Ils ne connaissaient point de rois, et il eût été criminel de donner ce titre à tout autre qu'au Dieu des armées. Et quand un homme réfléchit un peu à l'idolâtrie avec laquelle on flatta les rois, il n'est point surpris que l'Éternel, toujours jaloux de sa gloire, condamne une espèce de gouvernement assez impie pour s'arroger les droits du ciel même.

L'Écriture met la monarchie au rang des péchés des Israélites, et en conséquence les maudit. Ce passage est vraiment digne d'attention.

Les Hébreux étant opprimés par le peuple de Madian, Gédéon marcha contre lui; et, soutenu par l'Éternel, il le vainquit avec une très-petite armée. Enchantés d'un si grand succès, les Hébreux en attribuèrent toute la gloire au courage de Gédéon, et ils lui proposèrent de le faire roi, en s'écriant : « Règne sur nous, toi et ton fils, et » les fils de ton fils. » C'était un puissant motif de tentation : non-seulement posséder soi-même un royaume, mais en pouvoir laisser l'héritage à ses enfans ! Mais Gédéon, dont le cœur était droit et pieux, répondit : « Je ne veux point régner sur » vous, et mon fils n'y régnera point ; L'ÉTERNEL » SEUL RÉGNERA SUR VOUS. » Ces dernières paroles n'ont point besoin d'être expliquées. Gédéon ne refusait pas précisément l'honneur de régner; mais il déniait aux Juifs le droit de l'accorder. Il ne les remercie point, il ne leur fait pas de vains complimens; mais il les reprend, en prophète, d'oublier que le roi du ciel règne sur eux.

Environ cent trente ans après, les Hébreux retombèrent dans la même erreur. Le penchant qu'ils avaient pour les coutumes idolâtres des païens, est inexprimable. Profitant donc de l'inconduite des deux fils de Samuel, ils accoururent tumultueusement vers le prophète, et lui dirent : « Tu es vieux, et tes fils ne marchent point dans » tes voies ; donne-nous un roi, qui nous juge, » comme en ont toutes les autres nations. » — Ici nous ne pouvons nous empêcher d'observer combien leur conduite était criminelle. Ils demandaient à être comme toutes les autres nations, c'est-à-dire comme les païens ; eux dont la gloire devait être de différer entièrement de ces mêmes païens. Samuel fut justement blessé de ce qu'ils lui demandaient un roi pour régner sur eux. « Il invoqua le Seigneur, et le Seigneur lui ré» pondit : Écoute la voix du peuple : il s'adresse » à toi ; mais il ne t'a point rejeté, toi : c'est moi » qu'il rejette. Il NE VEUT PLUS QUE JE RÈGNE » SUR LUI. D'après toutes ses œuvres, depuis le » jour où je l'ai retiré de la captivité d'Egypte, » jusqu'à ce jour où il m'a abandonné pour ser» vir d'autres Dieux ; ce qu'il a fait même sous » toi, proteste solennellement contre lui ; et » montre-lui de quelle manière un roi régnera » sur lui. » Ce qui ne veut pas dire la manière d'un seul roi, mais de tous les rois des autres nations de la terre, que les Israélites étaient si jaloux d'imiter. Malgré la différence des âges, cette manière n'a point changé. — « Et Samuel » répéta les paroles du Seigneur au peuple, qui » demandait un roi; et il dit : Voici de quelle » manière le roi régnera sur vous. Il prendra vos » fils, et les emploiera, les uns à conduire ses » chariots, les autres à soigner ses chevaux, les » autres à courir devant son char (*manière de traiter les hommes qui est encore à la mode*). » Il nommera des capitaines de mille hommes, il » en nommera de cinquante. Il les obligera de » labourer ses champs, de recueillir ses mois- » sons, de faire ses instrumens de guerre, et » les ustensiles de ses chariots; et il prendra vos » filles pour faire sa cuisine, son pain et les cho- » ses délicates qu'on servira sur sa table. « (*Ceci montre les dépenses, le luxe et l'oppression des rois.*) « Et il prendra vos champs et les endroits » où vous recueillez vos olives, même les meil- » leurs, pour les donner à ses domestiques ; et » il prendra la dîme de vos moissons et de vos » raisins, pour les donner à ses officiers et à ses » serviteurs. » (*Ce qui prouve que la faveur, et la corruption sont les vices ordinaires des rois.*) « Et il prendra le dixième de vos serviteu... et

» de vos servantes, ainsi que de vos jeunes hommes, et de vos ânes pour les faire travailler pour lui; et il prendra le dixième de vos moutons, et vous serez ses serviteurs; et, ce jour-là, vous crierez pour vous plaindre du roi que vous aurez choisi; ET LE SEIGNEUR NE VOUDRA POINT VOUS ENTENDRE. »

Ceci suffit pour montrer quelle fut l'histoire de la monarchie juive. Les vertus de quelques rois hébreux ne suffisent point pour justifier la royauté, ni faire oublier le crime de son origine. L'éloge que l'Écriture fait de David, ne dit point qu'il fut légitimement roi, mais un homme selon le cœur de Dieu. — « Cependant les Israélites refusèrent d'obéir à la voix de Samuel, et ils dirent : Nous voulons avoir un roi pour régner sur nous, afin d'être comme tous les autres peuples, et que notre roi marche devant nous, et qu'il livre des batailles. »

Samuel leur fit encore des représentations, mais en vain. Il leur reprocha leur ingratitude, et ne les corrigea pas. Enfin, voyant qu'ils s'opiniâtraient dans leur folie, il s'écria : « J'invoquerai le Seigneur, et il fera tomber le tonnerre et la pluie, » *ce qui eût été une punition pour eux, car c'était au moment de la*

récolte du froment) « afin que vous puissiez
» connaître que votre crime est grand aux yeux
» du Seigneur, puisque vous avez demandé un
» roi. Samuel s'adressa donc à Dieu, et Dieu
» fit tomber ce jour-là le tonnerre et la pluie ;
» et tout le peuple eut grand'peur du Seigneur
» et de Samuel. Et le peuple dit alors à Samuel :
» Prie le Seigneur pour tes serviteurs, afin
» que nous ne mourions pas ; CAR NOUS AVONS
» AJOUTÉ A NOS PÉCHÉS, EN DEMANDANT UN
» ROI. »

Ces passages de l'Ecriture sont clairs et positifs, et ne présentent aucune équivoque. Il paraît par-là, ou que l'Éternel a condamné la royauté, ou que l'Ecriture est fausse ; et nous avons grande raison de croire que, dans les pays catholiques, l'intérêt des rois n'a pas moins servi que l'intérêt des prêtres, à empêcher que l'Écriture ne fût répandue en langue vulgaire ; car la royauté est, à tous égards, un papisme politique.

Au malheur d'avoir un monarque, nous avons ajouté le malheur d'une succession héréditaire ; et, comme la première de ces choses est un oubli, une dégradation de nous-mêmes, le second, regardé comme un droit, est une insulte à la postérité. Tous les hommes étant originairement égaux, aucun d'eux n'a le droit de donner à sa famille, le pouvoir de régner éternellement sur les autres; et si lui-même peut mériter que ses contemporains l'honorent, ses descendans peuvent aussi être indignes de partager ses honneurs. De toutes les preuves contre le droit héréditaire que s'arrogent les rois, une des plus fortes, c'est que la nature même le condamne : autrement elle ne ferait pas aussi souvent sentir le ridicule de ce droit, en donnant au genre humain un âne pour un lion.

Secondement, comme aucun homme ne peut jouir d'autres honneurs publics que de ceux qu'on lui accorde, ceux qui décernent ces honneurs n'ont aucun titre pour blesser les droits de la postérité; et, quoiqu'ils soient maîtres de dire : « Nous vous choisissons pour notre chef, » ils ne peuvent pas, sans être manifestement injustes envers leur race, ajouter : « Que vos en» fans et les enfans de vos enfans règnent sur » nous à jamais. » Car cet engagement, inique et dénaturé, pourrait peut-être, dès le second règne, les soumettre à un scélérat ou à un fou. Les hommes les plus sages ont toujours, en secret, parlé de la monarchie héréditaire avec le plus profond mépris. Cependant c'est un de ces maux auxquels il est bien difficile de remédier, quand ils ont une fois pris racine dans un pays. Quelques hommes les endurent par crainte, d'autres par superstition ; et la plus grande partie partage avec le roi les dépouilles du reste.

Jusqu'à présent nous avons supposé à la race des rois une honorable origine : mais il est probable que si nous avions pu fouiller dans les ténèbres de l'antiquité, nous aurions vu que le premier d'entre eux n'était que le plus déterminé de quelques hordes de brigands, à qui sa férocité, son adresse à piller, obtinrent le titre de chef, et dont le pouvoir s'accrut à mesure qu'il étendit les dévastations, et qu'il força les hommes timides et paisibles à acheter leur repos par des tributs fréquens. Cependant ceux qui l'élurent, ne pouvaient songer à lui donner un droit héréditaire sur leurs descendans, parce que ce renoncement éternel était incompatible avec les principes de liberté et d'indépendance qu'ils prétendaient avoir. Dans les premiers temps où il y eut des rois, l'hérédité du trône ne put pas être regardée comme un droit, mais comme une chose qui pouvait avoir lieu, et qu'on devait quelquefois espérer. Certes, on ne tenait point alors de registres de ce qui se faisait ; on n'avait que des traditions, dans lesquelles la vérité était bientôt étouffée sous la fable ; et, au bout de quelques générations, il fut bien aisé d'inventer quelque conte propre à ces temps, comme ceux de Mahomet l'étaient au sien, et de faire croire au vulgaire que l'hérédité du sceptre était un droit réel. Peut-être les désordres dont on fut menacé à la mort de quelque chef, ou pendant l'élection d'un autre, (car parmi des brigands, les élections ne doivent pas être bien tranquilles), engagèrent une partie d'entre eux à favoriser l'hérédité : d'où il est survenu qu'une chose à laquelle on s'était soumis, parce qu'on la croyait convenable, a été regardée depuis comme un droit.

Depuis l'invasion de Guillaume-le-Normand, l'Angleterre n'a eu que très-peu de bons rois ; mais elle a gémi sous un grand nombre de tyrans. Cependant nul homme raisonnable ne peut dire que le droit de régner, qu'ils doivent à Guillaume, soit très-bien fondé. Un bâtard français qui, à la tête d'une armée de bandits, passe en Angleterre, et s'y établit roi, malgré les gens du pays, est, en propres termes, un honteux et détestable modèle ; et on ne peut trouver en lui rien de divin. Mais il est inutile de perdre plus de temps à combattre le droit de l'hérédité du trône. S'il se trouve encore quelqu'un assez faible pour y croire, qu'il adore ensemble l'âne et le lion : je n'imiterai sa bassesse, ni ne troublerai sa dévotion.

Cependant je voudrais demander comment on croit qu'ont commencé les rois? Cette question ne permet que trois réponses. Leur nomination a été tirée au sort, ou elle s'est faite par élection, ou par usurpation. Si le premier roi a été choisi par le sort, ce fut une règle pour le second, et cette règle exclut l'hérédité. Saül fut choisi par le sort ; aussi sa place ne fut-elle point regardée comme héréditaire, et rien n'annonce qu'on eut aucune intention de la regarder comme telle.

Si le premier roi d'un pays quelconque le fut par élection, ce fut également une règle pour le suivant ; car prétendre qu'en choisissant un roi, ou une famille de rois, un peuple a pu s'emparer du droit de toutes les générations futures, c'est ce qu'on ne trouve ni dans l'Ecriture ni hors de l'Écriture, et qui ressemble à la doctrine du péché originel, qui suppose la volonté de tous les hommes confondue dans celle d'Adam.

Or, une telle comparaison, et c'est la seule qu'on puisse faire, est peu glorieuse pour l'hérédité du trône. De même, dit-on, que tous les hommes ont péché en Adam, la postérité la plus reculée de ceux qui ont choisi un roi, s'est soumise avec eux. Dans l'un, le genre humain a été livré à Satan ; dans les autres, à la royauté. Notre innocence a été perdue avec l'un, notre autorité avec les autres : et, comme ce double malheur nous empêche de reprendre notre premier état et nos priviléges naturels, il s'ensuit que le péché originel et l'hérédité du trône sont semblables. Cruel rapprochement! honteuse ressemblance! Le plus subtil sophiste ne pourrait offrir de comparaison plus vraie.

Quant à l'usurpation, personne, je crois, ne sera assez hardi pour la défendre ; et on ne peut pourtant pas nier que Guillaume-le-Conquérant ne fût un usurpateur. D'ailleurs, à dire la vérité, on peut pénétrer dans l'antiquité de la monarchie anglaise.

Mais le danger de l'hérédité du trône intéresse bien autrement le genre humain, que l'absurdité de cette institution. Si elle assurait une race d'hommes justes et sages, elle serait empreinte du sceau de la divinité : mais, comme elle sert de marche-pied à des fous, à des méchans, à des hommes ineptes, elle porte un caractère d'oppression. Les hommes qui se regardent comme nés pour régner, et qui ne considèrent les autres que comme faits pour leur obéir, deviennent bientôt insolens. Séparés du genre humain, en général, leurs cœurs sont empoisonnés de bonne heure par la vanité; et les gens au milieu desquels ils vivent diffèrent tellement du reste des hommes, qu'ils ne connaissent ordinairement que très-mal le monde et les affaires. Aussi, quand ils prennent en main les rênes du gouvernement, sont-ils ordinairement les plus ignorans et les plus incapables.

L'hérédité du trône a un autre inconvénient : c'est que souvent elle est le partage d'un enfant en bas-âge; et, pendant tout le temps de la minorité, ceux qui ont la régence peuvent, sous le nom du roi, trahir tout à leur aise les intérêts qui leur sont confiés. Le même malheur arrive lorsqu'un roi, accablé par l'âge et les infirmités, retombe dans l'enfance. Dans ces deux cas, le peuple est toujours victime de tous les scélérats qui ont l'adresse de séduire le roi.

La meilleure chose qu'on ait cru dire pour défendre l'hérédité du trône, c'est qu'elle prévient les guerres civiles : mais il n'y eut jamais rien de plus faux. Toute l'histoire d'Angleterre nous prouve le contraire. Depuis sa conquête, trente rois et deux mineurs sont montés au trône dans ce malheureux royaume; et, pendant cet espace de temps, il y a eu, en y comprenant la révolution, huit guerres civiles et dix-neuf révoltes. Ainsi, au lieu d'assurer la paix, l'hérédité semble la détruire.

Les querelles des maisons de Lancastre et d'York, qui se disputaient le trône, ensanglantèrent l'Angleterre pendant une longue suite d'années. Henri et Édouard se livrèrent douze batailles, sans compter les petits combats et les siéges qui eurent lieu. Deux fois Henri fut prisonnier d'Édouard, qui, à son tour, fut pris par Henri; et le sort de la guerre est si inconstant, l'esprit d'une nation si changeant, quand les rois se battent pour leurs intérêts particuliers, qu'Henri fut retiré de sa prison et porté en triomphe au palais, tandis qu'Édouard était obligé de fuir ce même palais pour se retirer dans une terre étrangère. Mais des changemens aussi soudains durent peu. Henri fut encore chassé du trône, et Édouard rappelé, le parlement suivant toujours le parti du plus fort.

Cette querelle commença en 1422, sous le règne d'Henri VI, et dura jusqu'en 1489, sous Henri VII, qui réunit en lui les droits des deux maisons.

En un mot, la royauté, et le droit de la rendre héréditaire, ont couvert de sang et de cendres, non-seulement la Grande-Bretagne, mais le monde entier. C'est un genre de gouvernement que Dieu même à condamné, et que le malheur suit.

Si nous voulons examiner quelles sont les occupations d'un roi, nous verrons que, dans quelques pays, il n'en a aucune; et après avoir passé sa vie dans l'oisiveté, sans plaisir pour lui et sans avantage pour son peuple, il cède la place à un successeur qui ne la remplit pas mieux. Dans les monarchies absolues, tout le poids des affaires civiles et militaires roule sur le roi. Les enfans d'Israël, alors qu'ils demandèrent un roi, dirent : « Qu'il puisse nous rendre la justice, » qu'il marche devant nous, et qu'il nous mène » au combat ». Mais dans un pays où le roi n'est ni juge ni général, on est fort embarrassé de dire ce qu'il peut faire.

Le gouvernement qui approche le plus de la république laisse encore moins d'affaires au roi. Il est assez difficile de donner un nom bien appliqué au gouvernement d'Angleterre. Sir William Maredith l'appelle une république; mais en ce moment, ce gouvernement ne mérite pas ce nom; car l'influence corruptrice de la couronne qui distribue toutes les places, a tellement fait passer le pouvoir de son côté, et dévoré la vertu de la chambre des communes, (seule partie républicaine de la constitution) que le gouvernement d'Angleterre est presque aussi monarchique, que celui de France et d'Espagne. Les hommes citent souvent des noms sans les entendre. C'est de la partie républicaine de leur Constitution, et non de la partie monarchique, que les Anglais se vantent. Ils se glorifient de la liberté de choisir parmi eux les membres qui composent la chambre des communes; et il est aisé de voir que là où les vertus républicaines manquent, l'esclavage commence. Pourquoi la Constitution d'Angleterre est-elle malade? Parce que la monarchie a empoisonné la république. La couronne maîtrise les communes.

En Angleterre, le roi n'a autre chose à faire que de déclarer la guerre et donner des places, c'est-à-dire, appauvrir la nation et en faire ce qui lui plaît : magnifique occupation pour un homme à qui on accorde huit cent mille liv. sterlings par an, et qu'on adore encore pardessus le marché! Oh! combien un homme juste, qui vit paisiblement dans la société, est plus agréable aux yeux de Dieu, que tous les scélérats couronnés, qui ont fait gémir la terre!

CHAPITRE III.

Considérations sur l'état présent des affaires de l'Amérique.

Je n'offrirai rien que des faits simples, des raisonnemens clairs et du sens commun. Je n'ai besoin que de prier le lecteur de se dépouiller de toute espèce de préjugé et de partialité, et de laisser agir sa raison et son cœur sentir. Qu'il prenne le vrai caractère d'homme, ou plutôt qu'il ne l'abandonne pas; et qu'il porte généreusement ses regards au-delà du jour où nous vivons.

On a déjà écrit des volumes sur la querelle de l'Angleterre et de l'Amérique. Des hommes de tous les états sont entrés dans cette dispute par différens motifs et avec des desseins contraires : mais tout cela a été inutile : les écrits ont cessé, et les armes sont le dernier moyen qui doit juger le procès. Le roi a offert le cartel, l'Amérique l'a accepté.

Le soleil n'a jamais éclairé une aussi grande cause. Ce n'est point l'affaire d'une ville, d'un comté, d'une province, d'un royaume; mais d'un continent, de la huitième partie du globe habitable : ce n'est point l'intérêt d'un jour, d'une année, d'un siècle; la postérité entière est comprise dans cette querelle; et elle se ressentira jusqu'à la fin des âges de la manière dont nous la terminerons. Voici maintenant le jour où doit commencer l'union, la foi, l'honneur du continent. La moindre forfaiture serait semblable à des traits gravés avec un léger poinçon sur l'écorce tendre d'un jeune chêne. Ils croissent avec l'arbre, et la postérité peut les lire en gros caractères.

J'ai entendu dire à quelques personnes, que l'Amérique devant les commencemens de sa prospérité à ses rapports avec l'Angleterre, la continuation de ces rapports était nécessaire à son bonheur à venir, et aurait toujours le même avantage. Mais rien de plus faux que ce raisonnement. Nous pourrions dire de même que, parce qu'un enfant a commencé à prendre sa nourriture avec du lait, il ne doit jamais manger de viande, et que les vingt premières années de notre vie, font une règle pour les vingt suivantes. Mais la base même du raisonnement n'est pas bien fondée ; car je soutiens, moi, que l'Amérique n'aurait pas moins prospéré, ou aurait peut-être prospéré davantage, si les puissances européennes n'avaient jamais rien eu à démêler avec elle. Le commerce qui l'a enrichie est fondé sur des objets de nécessité première, et on trouvera à les vendre aussi long-temps que l'Europe aura besoin de manger.

Mais la Grande-Bretagne est, dit-on, notre mère-patrie. Eh bien ! sa conduite en est plus blâmable. Jamais les bêtes les plus féroces ne dévorent leurs petits ; jamais les sauvages ne font la guerre à leurs enfans. Plus l'assertion serait vraie, plus elle serait contre l'Angleterre ; mais elle n'est point vraie, ou du moins elle ne l'est qu'en partie. Le titre de mère-patrie a été jésuitiquement adopté par le roi et ses flatteurs, avec le dessein astucieux de séduire et tromper notre crédule faiblesse.

L'Europe, et non l'Angleterre, est la mère-patrie de l'Amérique. Le nouveau monde a été le refuge de tous les amis de la liberté civile et religieuse, qu'on persécutait dans l'ancien. Ils ont fui dans ces climats, non pour se dérober aux tendres embrassemens d'une mère, mais aux cruautés d'un monstre ; et c'est si vrai à l'égard de l'Angleterre, que la même tyrannie qui poussa ici les premiers colons, y poursuit encore leurs descendans.

Mais les désavantages, les maux que nous souffrons de nos liens avec l'Angleterre, sont sans nombre; et nos devoirs envers le genre humain, ainsi qu'envers nous-mêmes, nous prescrivent de nous affranchir de ces liens. Toute dépendance à l'égard de la Grande-Bretagne, tout attachement pour elle, nous entraînerait dans des guerres continuelles avec des nations européennes, naturellement disposées à rechercher notre amitié, et contre lesquelles nous n'avons à former aucune plainte particulière. Comme l'Europe entière est un marché pour nous, nous n'avons pas besoin de nous unir exclusivement avec aucun de ses États. Le véritable intérêt de l'Amérique est de ne point se mêler des querelles de l'Europe; au lieu qu'en dépendant de la Grande-Bretagne, elle serait toujours le principal poids dans la balance de la politique anglaise.

L'autorité de la Grande-Bretagne est, pour le continent, une sorte de gouvernement despotique qui doit cesser tôt ou tard; et un esprit réfléchi ne peut voir qu'avec peine que ce qu'on appelle la *présente Constitution*, est nécessairement temporaire. Comme pères, nous devons être très-affectés de savoir que ce gouvernement ne durera pas assez pour que nous soyons sûrs que nos enfans jouirons de ce que nous leur laissons ; et, pour raisonner méthodiquement, puisque nous endettons la génération qui nous suivra, nous devons lui préparer les moyens de s'acquitter ; autrement nous aggravons nos torts. Pour bien connaître toute l'étendue de nos devoirs, nous devrions prendre nos enfans par la main, et nous avancer un peu dans la carrière de la vie. De là, nous jouirions d'un point de vue que nos craintes et nos préjugés nous dérobent à présent.

Les hommes froids regardent avec trop d'indifférence les injustices de la Grande-Bretagne ; et espérant toujours un meilleur temps, ils sont prêts à s'écrier : « Allons, allons, nous serons » encore amis malgré ce qui s'est passé. » — Mais considérez les passions de l'homme ; portez la pierre de touche de la nature sur la doctrine de la réconciliation, et dites-moi si vous pourrez jamais aimer, honorer, servir avec fidélité, une puissance qui a porté le fer et le feu dans vos champs. Si vous ne le pouvez pas, vous vous trahissez donc vous-mêmes, et vous préparez la ruine de votre prospérité. De nouveaux liens avec l'Angleterre, que vous ne pouvez ni aimer, ni honorer, seront des liens forcés, contre nature ; et n'étant fondés que sur un moment de convenance apparente, ils vous rejetteront bientôt dans des maux pires que ceux que vous avez déjà soufferts.

Mais si vous me dites que vous devez oublier les torts des Anglais, je vous demanderai, moi, si votre maison a été brûlée ? si vos propriétés ont été ravagées à vos yeux ? si vos enfans n'ont point de lit pour se reposer, ni de pain pour manger ? si vous avez perdu un père ou un fils par les mains des soldats ? et si vous êtes le dernier de votre famille qui survive à ces désastres ? — Si cela n'est pas, vous ne pouvez juger des sentimens de ceux qui ont éprouvé de pareils malheurs : mais, si vous les avez éprouvés, et que vous puissiez serrer la main des meurtriers, vous êtes à jamais indigne de porter le nom d'époux, de père, d'ami, d'amant ; et quel que soit votre rang, quels que soient vos titres, vous avez le cœur d'un lâche et l'ame d'un sycophante.

Ce n'est point altérer, ce n'est point exagérer les choses, que de les soumettre à ces sentimens, à ces affections que la nature justifie, et sans lesquels nous sommes incapables de remplir les devoirs de la vie, et de jouir de ses félicités. Je ne cherche point à inspirer de l'horreur pour pousser à la vengeance ; mais je veux que nous nous réveillions d'un sommeil funeste, et que nous saivions enfin un objet déterminé.

Tous les moyens de douceur, propres à rétablir la paix, ont été employés inutilement : nos prières ont été rejetées avec dédain, et n'ont servi qu'à nous convaincre que rien ne flatte plus la vanité des rois, et n'accroît plus leur opiniâtre dureté, que les demandes qu'on leur fait. C'est même là ce qui a le plus contribué à rendre absolus les rois de l'Europe.

De petites îles, qui ne peuvent se défendre, doivent être protégées par d'autres États : mais il est vraiment absurde de vouloir qu'un continent soit à jamais gouverné par une île. La nature n'a point fait une planète moins grande que ses satellites ; et, comme l'Angleterre et l'Amérique contredisent cet ordre de la nature, il est évident qu'elles appartiennent à deux systèmes politiques différens : l'Angleterre, à l'Europe ; l'Amérique, à elle-même.

(L'Auteur s'attache à prouver ici que la Constitution d'Angleterre, inapplicable au continent américain, n'est point d'ailleurs fondée en raison et en sagesse.)

Le roi, dit-il, a la négative en Angleterre ; le peuple anglais ne peut faire ses lois sans le consentement du monarque. En vérité c'est une chose bien ridicule, qu'un jeune homme de vingt-un ans, ainsi qu'on l'a vu souvent, puisse dire à plusieurs millions d'hommes, dont beaucoup sont plus âgés et plus sages que lui : « Je » ne veux pas que vous ayez telle loi que vous » venez de faire. »

(L'Auteur répond ici aux objections de ceux qui craignaient que l'indépendance des colonies n'entraînât des guerres civiles. Il ajoute) :

Là où il n'y a point de distinctions, il ne peut y avoir de supériorité : une égalité parfaite ne permet point l'envie. Les républiques de l'Europe sont presque toujours en paix. La Suisse et la Hollande n'ont point de guerres étrangères, ni domestiques. Mais, d'un autre côté, les gouvernemens monarchiques ne sont pas long-temps en repos : la couronne même est un objet d'ambition pour les scélérats, et les porte à allumer souvent des guerres civiles : et l'orgueil, l'insolence qui accompagne les rois, leur occasionne des brouilleries avec les autres puissances, dans des occasions où un gouvernement républicain, toujours attaché à des principes plus naturels, chercherait à négocier et n'emploierait que la douceur.

La seule raison, peut-être, qu'on ait de craindre l'indépendance, c'est qu'on n'a encore aucun plan à cet égard. On ne voit pas la route qu'on doit suivre ; mais je vais offrir quelques idées sur ce sujet, déclarant avec sincérité que je ne les estime moi-même que comme propres à en faire naître de meilleures. Si les idées éparses de beaucoup d'hommes sans prétention étaient recueillies, elles pourraient souvent servir de matériaux à d'autres hommes plus capables.

Je voudrais que les assemblées de chaque colonie fussent annuelles et n'eussent qu'un seul président ; que la représentation fût plus égale ; qu'elles ne s'occupassent que des affaires de leur province, et fussent soumises à l'autorité d'un congrès continental.

Je voudrais que chaque colonie fût divisée en six, huit ou dix districts ; que chaque district envoyât au congrès un certain nombre de députés, de sorte que chaque colonie en fournît au moins trente. Le congrès s'éleverait alors à 390 membres. Il siégerait à..... et choisirait son président de la manière suivante : quand les députés seraient tous réunis, ils tireraient au sort une des treize colonies. Après cela, tous les membres ballotteraient et nommeraient par scrutin un des députés de la province, que le sort aurait favorisé.

Le congrès suivant, on ne tirerait au sort la colonie qui devrait fournir le président, que parmi douze, en excluant celle qui en aurait déjà eu un, et on continuerait ainsi jusqu'à ce que les treize colonies eussent eu leur tour à la nomination : et pour que jamais on n'admît aucune loi qui ne fût bien juste, la majorité du congrès devrait être formée des trois cinquièmes. Celui qui, sous un gouvernement aussi égal, pourrait occasionner de la discorde, serait sûrement digne d'avoir aidé Lucifer dans ses noirs complots.

Si ce que je viens de proposer se réalise ; s'il se rassemble une conférence pour faire notre Constitution, je prie les hommes qui la composent, de méditer le passage suivant, tiré de *Dragonetti*, ce sage publiciste. — « Le savoir » de l'homme d'État, dit-il, consiste à fixer le » vrai point de bonheur et de liberté. Ils mé- » riteraient la reconnaissance de tous les âges, » les hommes qui pourraient trouver le mode » de gouvernement propre à produire la plus » grande somme de bonheur individuel, et qui » en même temps coûterait le moins (1) ».

(1) Dragonetti, *de la vertu et des récompenses.*

Mais, disent quelques personnes, où est le roi de l'Amérique? — Je vais vous le dire, amis. Il règne dans le ciel, et il ne fait point égorger les hommes.

Mais puisqu'on aime les honneurs, les solennités, choisissons un jour pour proclamer notre Charte. Qu'on l'élève et la place sur le livre même qui contient la parole de Dieu; qu'alors on mette une couronne au-dessus, et que le monde apprenne que l'Amérique aime tellement la monarchie, qu'elle a choisi la loi pour roi.

Dans les gouvernemens absolus, le roi est la loi : mais dans un pays libre, la loi seule doit régner, et nous ne voulons pas d'autre roi. Cependant, de peur d'accident, il faut qu'à la fin de la cérémonie dont je viens de parler, la couronne soit brisée, et qu'on abandonne ses débris au peuple à qui elle appartient de droit.

Vous, qui nous parlez de réconciliation et d'harmonie, pouvez-vous renouveler le temps passé? pouvez-vous rendre à la débauche son innocence perdue? non; et vous ne pouvez pas davantage unir l'Angleterre et l'Amérique. Les derniers liens sont rompus; le peuple anglais présente des adresses contre nous. Il est des injures que la nature ne pardonne jamais; et, si elle les pardonnait, elle cesserait d'être nature.

L'Amérique ne sait pas plus pardonner aux meurtriers anglais qui l'ont ensanglantée, qu'un amant passionné ne pardonne au ravisseur de sa maîtresse. L'Éternel même a gravé en nous ces sentimens ineffaçables, et ses desseins sont toujours sages.

Ce sont ces sentimens qui conservent son image dans nos cœurs, et qui nous distinguent des brutes. L'ordre social serait détruit, la justice bannie de la terre, ou du moins elle n'y serait que faiblement connue, si nous restions insensibles à toute affection ; et le voleur, le meurtrier ne seraient presque jamais punis, si nous étions insensibles à l'injure.

O vous, à qui le genre humain est cher! vous qui osez vous opposer non-seulement à la tyrannie, à la fourbe.... courage! chaque coin du vieux monde est couvert par l'oppression. La liberté a été poursuivie par tout le globe. L'Afrique et l'Asie l'ont dès long-temps repoussée ; l'Europe la regarde comme étrangère, et l'Angleterre lui a commandé de s'éloigner. Recevez donc la fugitive, et préparez, pendant qu'il en est temps, un asyle au genre humain.

CHAPITRE IV.

Des ressources de l'Amérique. Réflexions diverses.

(Ce chapitre ne présente plus d'intérêt. Nous transcrivons seulement quelques-unes des réflexions qui le terminent) :

Quant à la religion, je crois qu'il est du devoir indispensable de tous les gouvernemens de protéger la liberté des opinions, et je crois qu'ils ne doivent pas se mêler d'autre chose. Qu'un homme mette de côté cette petitesse d'esprit, cet étrécissement de principes dont les gens à préjugés ont tant de peine à se départir, et il sera bientôt délivré de vaines terreurs. Le soupçon accompagne les ames faibles, et est le poison de la société. Pour moi, je crois que c'est par un effet de la sagesse du Tout-Puissant, qu'il existe une si grande variété d'opinions religieuses parmi nous : c'est ce qui ouvre un champ plus vaste à la charité chrétienne. Si nous avions tous la même façon de penser, notre religion n'aurait plus d'objet d'émulation. Je regarde les nombreuses religions qui existent parmi nous, comme des enfans d'une même famille, qui ne diffèrent que par leurs noms de baptême.

J'ai jeté plus haut quelques idées sur les bases d'une Charte continentale; car je ne prétends offrir que des idées et non des plans. Je reviens donc ici sur ce sujet, pour observer qu'une Charte doit être une obligation solennelle, qui engage toutes les parties réunies à défendre les droits de chacune en particulier, tant dans ses opinions religieuses, que dans sa liberté et sa propriété. Les bons marchés et les comptes justes font les bons amis.

J'ai parlé aussi d'avoir une nombreuse représentation, et je crois qu'en matière de politique, rien ne mérite plus notre attention. Un petit nombre d'électeurs, un petit nombre de représentans sont également dangereux; mais, si le nombre des représentans est non-seulement borné, mais disproportionné, le danger augmente.

Je m'arrête. Comme depuis les premières éditions de ce pamphlet, personne n'a encore entrepris d'en réfuter les principes, c'est une preuve négative qu'ils sont irréfragables, ou que le parti qui les soutient est trop nombreux pour qu'on ose l'attaquer. Ecartons donc désormais les soupçons et la méfiance. Que chacun prenne amicalement son voisin par la main, et qu'on se fasse un devoir d'oublier les causes funestes de nos dissentions. Que les noms de Whig et de Thory soient effacés. Ne connaissons plus d'autre distinction que celle de bon citoyen, d'ami courageux, de défenseur vertueux des Droits de l'Homme, et des Etats libres et indépendans de l'Amérique.

FIN.

www.ingramcontent.com/pod-product-compliance
Ingram Content Group UK Ltd.
Pitfield, Milton Keynes, MK11 3LW, UK
UKHW031939260826
14628UKWH00004B/1724

9 782329 456607